30일 완성! 하루 한 장 초등 영어

👑 하나. 알파벳 편

1일차   ____월 ____일
알파벳 따라 쓰기
A, B, C, D
대, 소문자 따라 쓰기
12~15쪽

2일차   ____월 ____일
알파벳 따라 쓰기
E, F, G, H
대, 소문자 따라 쓰기
16~19쪽

3일차   ____월 ____일
알파벳 혼자 쓰기
A, B, C, D, E, F, G, H
대, 소문자 쓰기
대, 소문자 짝 맞추기
20~21쪽

4일차   ____월 ____일
듣고 쓰기
A, B, C, D, E, F, G, H
듣고 맞는 글자 고르기
듣고 대, 소문자 쓰기
22~23쪽

5일차   ____월 ____일
알파벳 따라 쓰기
I, J, K, L
대, 소문자 따라 쓰기
24~27쪽

6일차   ____월 ____일
알파벳 따라 쓰기
M, N, O, P, Q
대, 소문자 따라 쓰기
28~32쪽

7일차   ____월 ____일
알파벳 혼자 쓰기
I, J, K, L, M, N, O, P, Q
대, 소문자 쓰기
대, 소문자 짝 맞추기
34~35쪽

8일차   ____월 ____일
듣고 쓰기
I, J, K, L, M, N, O, P, Q
듣고 맞는 글자 고르기
듣고 대, 소문자 쓰기
36~37쪽

9일차   ____월 ____일
알파벳 따라 쓰기
R, S, T, U
대, 소문자 따라 쓰기
38~41쪽

10일차   ____월 ____일
알파벳 따라 쓰기
V, W, X, Y, Z
대, 소문자 따라 쓰기
42~46쪽

11일차   ____월 ____일
알파벳 혼자 쓰기
R, S, T, U, V, W, X, Y, Z
대, 소문자 쓰기
대, 소문자 짝 맞추기
48~49쪽

12일차   ____월 ____일
듣고 쓰기
R, S, T, U, V, W, X, Y, Z
듣고 맞는 글자 고르기
듣고 대, 소문자 쓰기
50~51쪽

13일차   ____월 ____일
리뷰 테스트 1
따라 쓰기 복습
대, 소문자 복습
54~56쪽

14일차   ____월 ____일
리뷰 테스트 2
듣고 고르기 복습
듣고 쓰기 복습
57~58쪽

· 듣기 연습은 원어민 선생님의 목소리로 함께해요.
· 본문에 있는 큐알 코드를 확인하세요.
· 정답은 마지막에 있어요.

30일 완성! 하루 한 장 초등 영어

두울. 영단어 편

15일차 ___월 ___일
단어 쓰기

A, B, C, D
듣고 읽고 쓰기
그림 보며 따라 쓰기
60~63쪽

16일차 ___월 ___일
단어 쓰기

E, F, G, H
듣고 읽고 쓰기
그림 보며 따라 쓰기
64~67쪽

17일차 ___월 ___일
대문자, 소문자 익히기

A, B, C, D, E, F, G, H
대, 소문자 바꿔 쓰기
68~69쪽

18일차 ___월 ___일
퀴즈로 복습하기

A, B, C, D, E, F, G, H
그림 보고 퍼즐 풀기
듣고 단어 쓰기
70~73쪽

19일차 ___월 ___일
단어 쓰기

I, J, K, L
듣고 읽고 쓰기
그림 보며 따라 쓰기
74~77쪽

20일차 ___월 ___일
단어 쓰기

M, N, O, P, Q
듣고 읽고 쓰기
그림 보며 따라 쓰기
78~82쪽

21일차 ___월 ___일
대문자, 소문자 익히기

I, J, K, L, M, N, O, P, Q
대, 소문자 바꿔 쓰기
84~85쪽

22일차 ___월 ___일
퀴즈로 복습하기

I, J, K, L, M, N, O, P, Q
그림 보고 퍼즐 풀기
듣고 단어 쓰기
86~89쪽

23일차 ___월 ___일
단어 쓰기

R, S, T, U, V
듣고 읽고 쓰기
그림 보며 따라 쓰기
90~94쪽

24일차 ___월 ___일
단어 쓰기

W, X, Y, Z
듣고 읽고 쓰기
그림 보며 따라 쓰기
95~98쪽

25일차 ___월 ___일
대문자, 소문자 익히기

R, S, T, U, V, W, X, Y, Z
대, 소문자 바꿔 쓰기
100~101쪽

26일차 ___월 ___일
퀴즈로 복습하기

R, S, T, U, V, W, X, Y, Z
그림 보고 퍼즐 풀기
듣고 단어 쓰기
102~105쪽

27일차 ___월 ___일
쓰기 테스트

대, 소문자 바꿔 쓰기
108~111쪽

28일차 ___월 ___일
암기 테스트

그림 보고 퍼즐 풀기
112~113쪽

29일차 ___월 ___일
듣기 테스트 1

듣고 맞는 단어 고르기
114~115쪽

30일차 ___월 ___일
듣기 테스트 2

듣고 그림 보고 쓰기
116~119

기초튼튼 따라쓰기 시리즈

30일 완성! 초등학교 영어 수업 준비 끝!

스프링북

알파벳 영단어

따라쓰기

이장호 교수 감수
옥스퍼드대학교
교육학 박사
OXFORD

브레이니 스쿨 지음

시간과공간사

스프링북

알파벳✱영단어 따라쓰기

지은이 | 브레이니 스쿨
발행처 | 시간과공간사
발행인 | 최훈일

신고번호 | 제2015-000085호
신고연월일 | 2009년 11월 27일

초판 1쇄 발행 | 2021년 05월 15일
초판 6쇄 발행 | 2024년 03월 29일

주소 | (10594) 경기도 고양시 덕양구 통일로 140 삼송테크노밸리 A351
전화번호 | (02) 325-8144(代)
팩스번호 | (02) 325-8143
이메일 | pyongdan@daum.net

ISBN | 979-11-90818-10-0(64700)

   979-11-90818-09-4(세트)

KC **어린이 제품 안전 특별법에 의한 표시**

제품명 도서 **제조자명** 시간과공간사 **제조국명** 한국 **전화번호** (02)325-8144 **주소** 경기도 고양시 덕양구 통일로 140, A동 351호(동산동, 삼송테크노밸리) **제조연월일** 2021년 5월 15일 **사용 연령** 8세 이상

※ KC마크는 이 제품이 어린이 제품 공통안전기준을 충족함을 의미합니다.

"알파벳과 좋은 친구가 되어요!"
"파닉스와 초급 읽기의 기초를 다져요!"

《스프링북 알파벳 * 영단어 따라쓰기》는 영어를 처음 배우는 어린이들이 알파벳 대·소문자 쓰는 법을 익히고 각 알파벳에 관련된 3가지 단어를 배울 수 있게 해 주는 책입니다. 이 책의 장점은 원어민 선생님의 발음으로 알파벳과 단어들을 듣고(listening), 눈으로 익히고(reading), 따라 읽고(speaking), 써 보도록(writing) 함으로써 영어의 네 가지 스킬을 균형 있게 연습할 수 있게 한다는 점입니다.

'듣고 동그라미 치기(Listen and Circle)' '듣고 쓰기(Listen and Write)' '퍼즐 풀기(Complete the Crossword)' 등 어린이들의 인지발달 수준에 맞는 퀴즈를 활용한다는 점도 이 책의 중요한 장점입니다. 아이들이 지루해하지 않고 알파벳과 영어 단어를 재미있게 배운다면 이보다 더 효과적인 공부법은 없겠지요.

우리 아이들은 《스프링북 알파벳 * 영단어 따라쓰기》를 보면서 자연스럽게 알파벳과 좋은 친구가 될 것입니다. 그다음 단계인 파닉스와 초급 단계의 읽기로도 순조롭게 나아갈 수 있는 기초가 다져지기를 기대하며 모든 어린이 여러분에게 이 책을 적극 추천해 드립니다.

이장호 교수

A a	B b	C c
·에이·	·비·	·씨·
D d	E e	F f
·디·	·이·	·에프·
G g	H h	I i
·쥐·	·에이취·	·아이·
J j	K k	L l
·제이·	·케이·	·엘·

알 파 벳 차 트

M m	N n	O o
·엠·	·엔·	·오·
P p	Q q	R r
·피·	·큐·	·알·
S s	T t	U u
·에스·	·티·	·유·
V v	W w	X x
·브이·	·더블유·	·엑스·
Y y	Z z	😊
·와이·	·지·	

슬 기 로 운 본 문 사 용 법

제1부 A~Z 대문자와 소문자를 제대로 배워요

영어를 잘하려면 알파벳부터 제대로 배워야 하죠. 알파벳은 A부터 Z까지 대문자 26개, 소문자 26개 총 52자가 있어요. 본문에서는 A~H 8자, I~Q 9자, R~Z 9자로 나눠서 읽기, 쓰기, 듣기를 정확히 익혀요. 그림으로 기억하기 쉽고, 놀이 방식을 접목한 다양한 퀴즈와 테스트로 본문 내용을 완전히 암기하도록 합니다.

   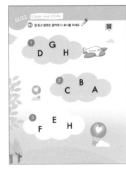 

알파벳 대문자와 소문자를 익혀요. 우리말로 어떻게 소리 내는지 살펴보아요. 소문자와 대문자 쓰는 법을 순서대로 배우고 연습해요.

본문에서 익힌 알파벳 쓰기를 퀴즈에서 다시 한번 써 보아요.

이외에도 재밌는 퀴즈들을 넣었어요.
대문자와 소문자를 맞게 연결하는 퀴즈!

원어민 선생님의 발음을 잘 듣고 맞는 것에 동그라미 치는 퀴즈!

원어민 선생님의 발음을 잘 듣고 대문자와 소문자로 쓰는 퀴즈!

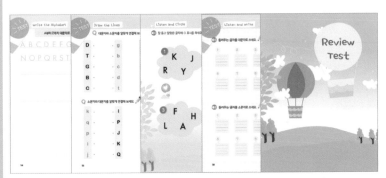

1부 끝에는 본문을 총정리하는 테스트(Review Test)가 있어요. 혹시나 잘 익히지 못한 알파벳이 있으면 여기서 완전히 익히도록 해요. 리뷰 테스트에도 재밌는 퀴즈들을 풍성하게 넣었답니다. A부터 Z까지 대, 소문자 쓰기, 대, 소문자 연결하기, 잘 듣고 알맞은 글자에 동그라미 치기, 잘 듣고 대, 소문자 쓰기 등등이 있어요.

원어민 선생님이 들려주시는 정확한 알파벳 발음

1부 알파벳 듣기(Listening) 코너에는 원어민 선생님이 직접 들려주시는 정확한 발음을 수록했어요. 본문 우측 상단에 있는 QR코드를 찍어 보세요.

제2부 이제 영어 단어를 배워 볼까요?

초등학교 때 꼭 알아야 할 영어 단어를 알파벳당 3개씩 소개합니다. A부터 Z까지 총 78개 단어를 그림과 함께 쉽게 익힐 수 있어요. 대문자 ↔ 소문자 바꿔 쓰기, 퍼즐 풀기, 원어민 선생님의 목소리를 듣고 푸는 몇 가지 퀴즈와 테스트가 있어요.

원어민 선생님이 들려 주시는 발음을 듣고 따 라 써 보아요.

대문자를 소문자로, 소 문자를 대문자로 써 보 아요.

그림을 보고 퍼즐의 빈칸 을 채워 보아요.

원어민 선생님의 발음 을 잘 듣고 맞는 단어에 동그라미 해요.

원어민 선생님의 발음 을 잘 듣고 빈칸에 단어 를 써 보아요.

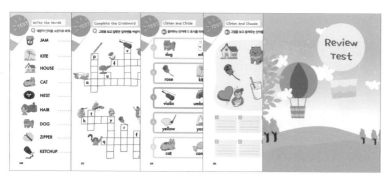

2부 끝에도 본문을 총정리하는 테스트(Review Test)가 있어요. 본문에서 잘 익히지 못한 단어는 여기서 복습하도록 해요. 대, 소문자 쓰기, 그림 보며 퍼 즐 완성하기, 듣고 맞는 단어 고르기, 듣고 쓰기 등 더욱 재밌고 풍성한 테스 트들이 있어요.

원어민 선생님이 들려주시는 정확한 영단어 발음

2부 영단어 듣기(Listening) 코너에는 원어민 선생님이 직접 들려주시는 정확 한 발음을 수록했어요. 본문 우측 상단에 있는 QR코드를 찍어 보세요.

CONTENTS

ALPHABET SONG

A	B	C	D	E	F	G	H	I	J	K
a	b	c	d	e	f	g	h	i	j	k
에이	비	씨	디	이	에프	쥐	에이취	아이	제이	케이

L	M	N	O	P		Q	R	S		T	U	V
l	m	n	o	p		q	r	s		t	u	v
엘	엠	엔	오	피		큐	알	에스		티	유	브이

W	-	X		Y	AND	Z		NOW	I	KNOW	MY
w	-	x		y	and	z		now	I	know	my
더블유		엑스		와이	엔드	지		나는		이제	

A - B - C'S	NEXT	TIME	WON'T	YOU		SING	WITH	ME?
a - b - c's	next	time	won't	you		sing	with	me?
알파벳을 알아!	다음엔	나와	함께	노래		불러	보지	않을래?

A부터 H까지

💬 '에이'라고 소리 내어 읽으면서 대문자와 소문자를 써 보세요.

[A a 에이]

Apple

A

A A A A A A A A

A A A A A A A A

a

a a a a a a a a

a a a a a a a a

12

💬 '비'라고 소리 내어 읽으면서 대문자와 소문자를 써 보세요.

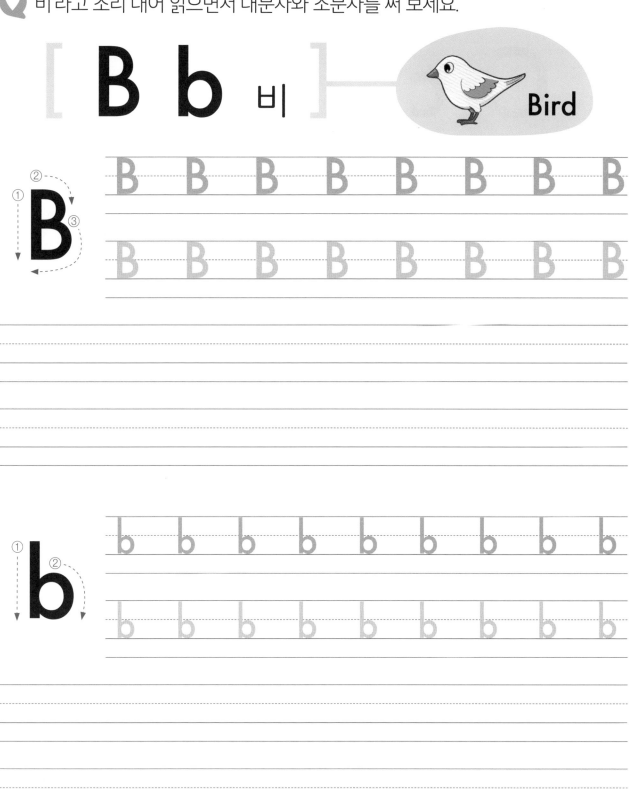

[**B b** 비] Bird

13

A부터 H까지

♥ '씨'라고 소리 내어 읽으면서 대문자와 소문자를 써 보세요.

Candy

C C C C C C C C

C C C C C C C C

c c c c c c c c c

c c c c c c c c c

14

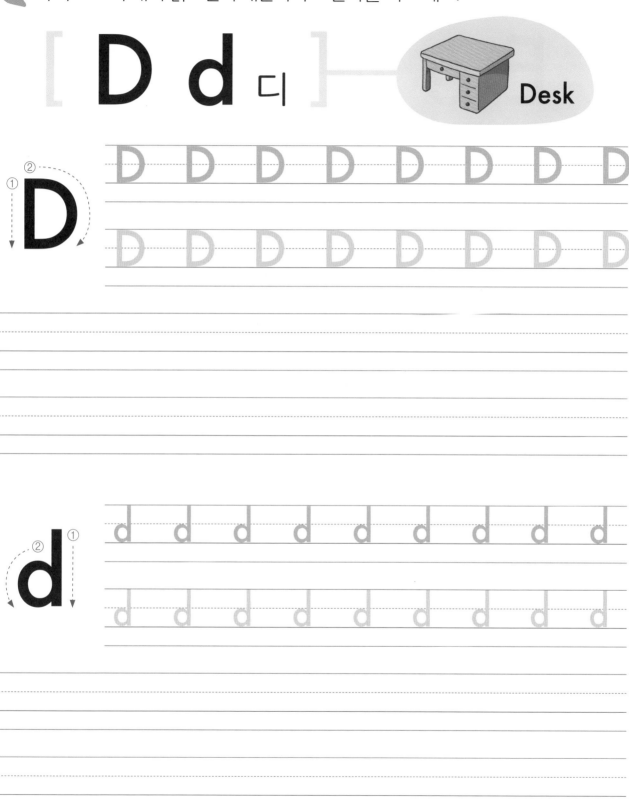

ALPHABET

'디'라고 소리 내어 읽으면서 대문자와 소문자를 써 보세요.

[D d 디]

Desk

D

d

15

알파벳 쓰기

A부터 H까지

💬 '이'라고 소리 내어 읽으면서 대문자와 소문자를 써 보세요.

[E e 이]

Egg

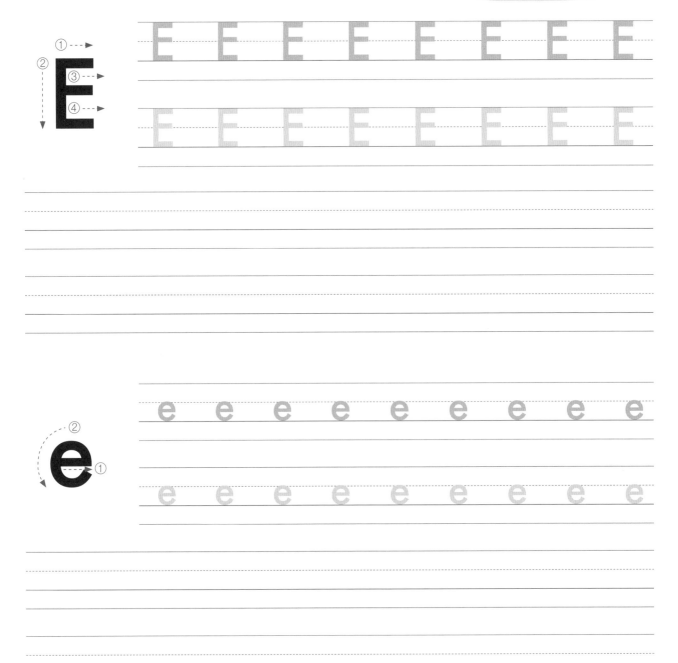

16

♥ '에프'라고 소리 내어 읽으면서 대문자와 소문자를 써 보세요.

[**F f** 에프] Flower

① →
②
③ F

F F F F F F F F

F F F F F F F

①
② f

f f f f f f f f

f f f f f f f f

알파벳 쓰기

💬 '쥐'라고 소리 내어 읽으면서 대문자와 소문자를 써 보세요.

[G g 쥐]

Gold

G G G G G G G G

G

G G G G G G G G

g

g g g g g g g g g

g g g g g g g g g

18

♥ '에이취'라고 소리 내어 읽으면서 대문자와 소문자를 써 보세요.

[H h 에이취]

Honey

Write the Alphabet

아래 칸에 맞춰서 알파벳을 써 보세요.

| A | B | C | D | E | F | G | H | I | J | K | L | M | N | O | P | Q | R | S | T | U | V | W | X | Y | Z |

A	B	C	D	E	F	G	H
에이	비	씨	디	이	에프	쥐	에이취

| a | b | c | d | e | f | g | h | i | j | k | l | m | n | o | p | q | r | s | t | u | v | w | x | y | z |

a	b	c	d	e	f	g	h
에이	비	씨	디	이	에프	쥐	에이취

Draw the Lines

각 알파벳의 대문자와 소문자를 알맞게 연결하세요.

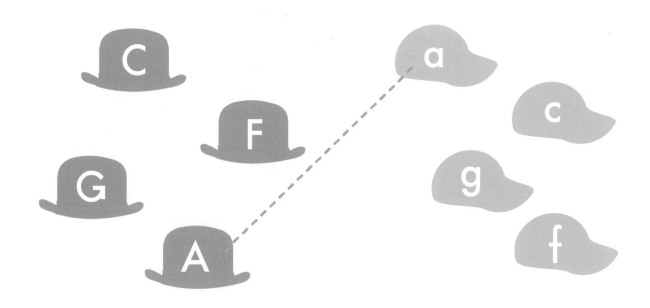

잘 듣고 알맞은 글자에 ○ 표시를 하세요.

1

G

D   H

2

B

C   A

3

E

F   H

22

🔊 들려주는 글자를 대문자로 쓰세요.

1

2

3

4

5

6

🔊 들려주는 글자를 소문자로 쓰세요.

1

2

3

4

5

6

I부터 Q까지

💬 '아이'라고 소리 내어 읽으면서 대문자와 소문자를 써 보세요.

[**I** **i**] 아이

Ink

'제이'라고 소리 내어 읽으면서 대문자와 소문자를 써 보세요.

[J j 제이]

Juice

25

I부터 Q까지

♥ '케이'라고 소리 내어 읽으면서 대문자와 소문자를 써 보세요.

[K k 케이]

King

K K K K K K K K

K K K K K K K K

k k k k k k k k

k k k k k k k k

'엘'이라고 소리 내어 읽으면서 대문자와 소문자를 써 보세요.

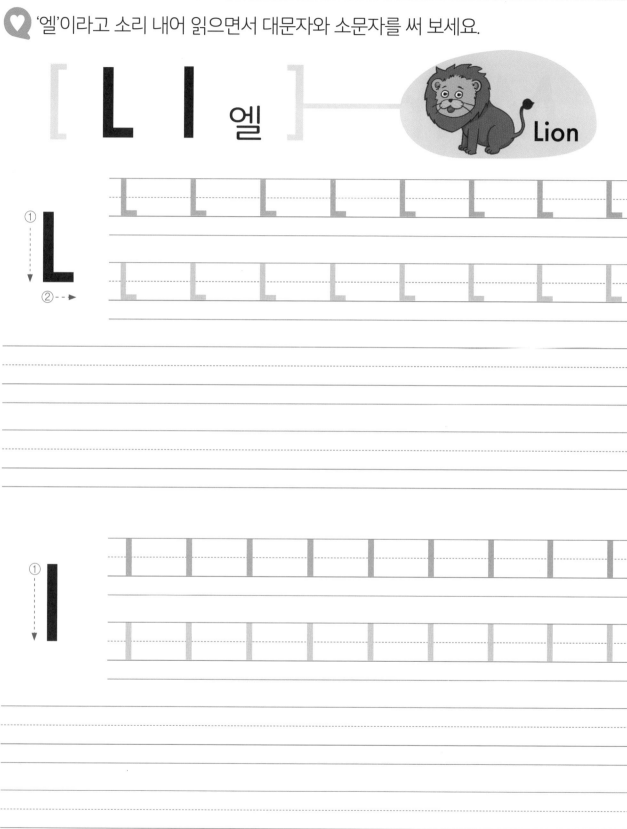

Lion

I부터 Q까지

💬 '엠'이라고 소리 내어 읽으면서 대문자와 소문자를 써 보세요.

[M m 엠]

 Milk

M M M M M M M

①②③ M

M M M M M M

②③ ①m

m m m m m m m m

m m m m m m m

'엔'이라고 소리 내어 읽으면서 대문자와 소문자를 써 보세요.

[**N n** 엔]

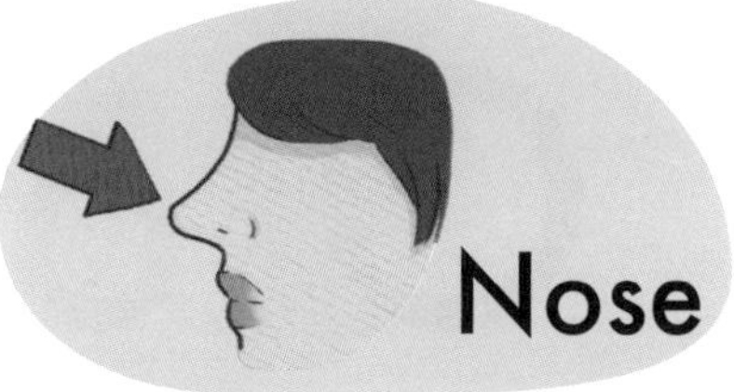

Nose

N N N N N N N N

N N N N N N N N

n n n n n n n n

n n n n n n n n

I부터 Q까지

'오'라고 소리 내어 읽으면서 대문자와 소문자를 써 보세요.

♥ '피'라고 소리 내어 읽으면서 대문자와 소문자를 써 보세요.

[P p 피]

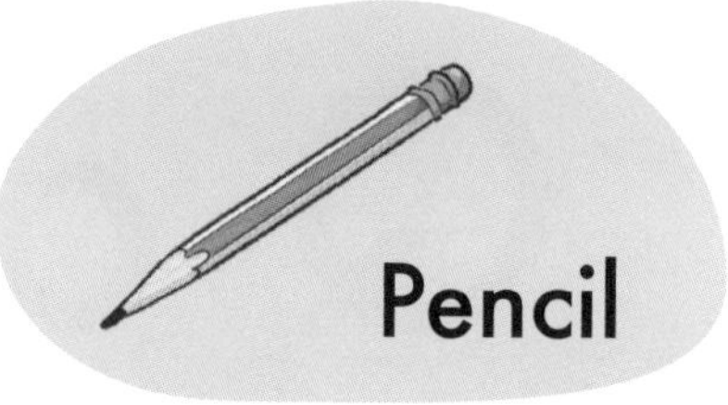

Pencil

P P P P P P P P P

P P P P P P P P

p p p p p p p p p

p p p p p p p p p

I부터 Q까지

♥ '큐'라고 소리 내어 읽으면서 대문자와 소문자를 써 보세요.

[Q q 큐]

Queen

NOTE

Write the Alphabet

아래 칸에 맞춰서 알파벳을 써 보세요.

A B C D E F G H **I J K L M N O P Q** R S T U V W X Y Z

I	J	K	L	M	N	O	P	Q
아이	제이	케이	엘	엠	엔	오	피	큐

a b c d e f g h **i j k l m n o p q** r s t u v w x y z

i	j	k	l	m	n	o	p	q
아이	제이	케이	엘	엠	엔	오	피	큐

각 알파벳의 대문자와 소문자를 알맞게 연결하세요.

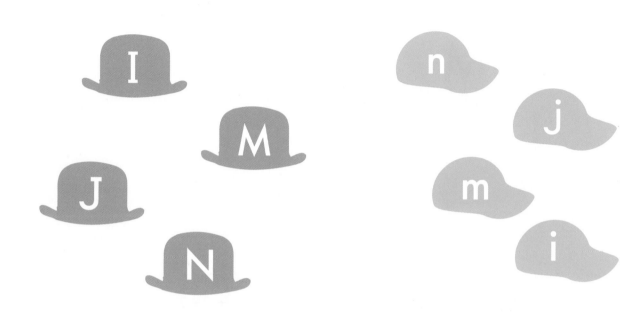

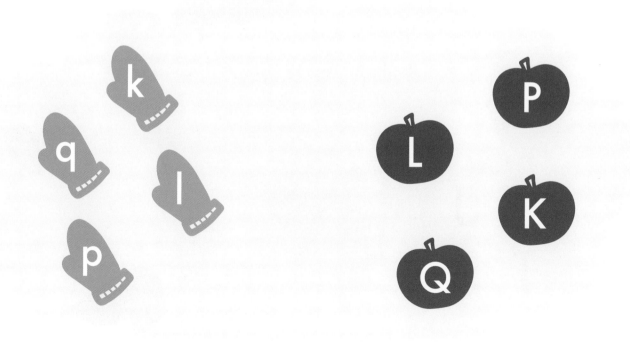

Listen and Circle

🔊 잘 듣고 알맞은 글자에 ○ 표시를 하세요.

1. M N L

2. O Q P

3. J I L

Listen and Write

 들려주는 글자를 대문자로 쓰세요.

 들려주는 글자를 소문자로 쓰세요.

R부터 Z까지

♥ '알'이라고 소리 내어 읽으면서 대문자와 소문자를 써 보세요.

[R r 알]

Rainbow

① ② ③ R

R R R R R R R R

R R R R R R R R

① ② r

r r r r r r r r r

r r r r r r r r r

♀ '에스'라고 소리 내어 읽으면서 대문자와 소문자를 써 보세요.

[S s 에스]— Star

 R부터 Z까지

'티'라고 소리 내어 읽으면서 대문자와 소문자를 써 보세요.

[T t 티] Tiger

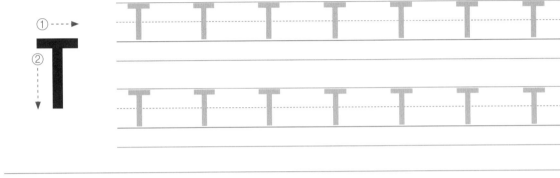

'유'라고 소리 내어 읽으면서 대문자와 소문자를 써 보세요.

Umbrella

R부터 Z까지

💬 '브이'라고 소리 내어 읽으면서 대문자와 소문자를 써 보세요.

[V v 브이]

Violin

① V ②

① v ②

'더블유'라고 소리 내어 읽으면서 대문자와 소문자를 써 보세요.

W w 더블유 Wolf

R부터 Z까지

🔊 '엑스'라고 소리 내어 읽으면서 대문자와 소문자를 써 보세요.

[X x 엑스]

Taxi

X X X X X X X X

①X②

X X X X X X X X

X X X X X X X X

①x②

X X X X X X X X

'와이'라고 소리 내어 읽으면서 대문자와 소문자를 써 보세요.

[**Y y** 와이]

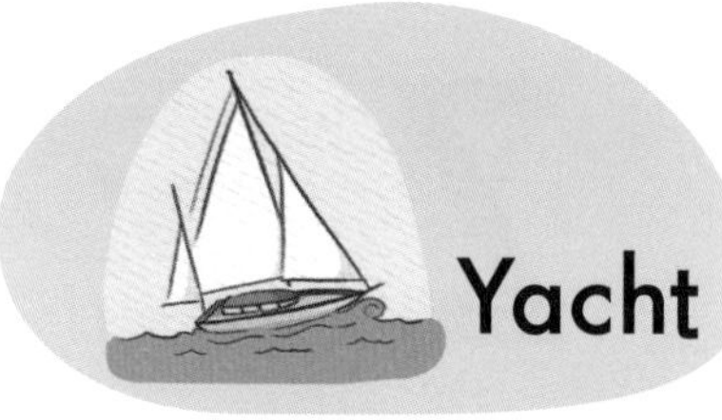

Yacht

Y Y Y Y Y Y Y Y

Y Y Y Y Y Y Y Y

y y y y y y y y

y y y y y y y y

45

R부터 Z까지

💬 '지'라고 소리 내어 읽으면서 대문자와 소문자를 써 보세요.

[**Z z** 지]

Zebra

Z

Z

NOTE

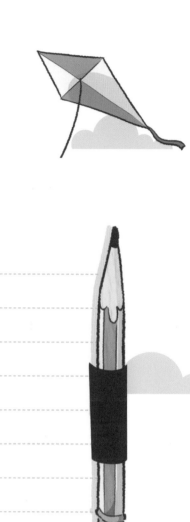

♥ 아래 칸에 맞춰서 알파벳을 써 보세요.

A B C D E F G H I J K L M N O P Q **R S T U V W X Y Z**

R	S	T	U	V	W	X	Y	Z
알	에스	티	유	브이	더블유	엑스	와이	지

a b c d e f g h i j k l m n o p q **r s t u v w x y z**

r	s	t	u	v	w	x	y	z
알	에스	티	유	브이	더블유	엑스	와이	지

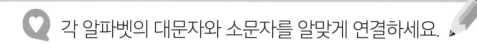

각 알파벳의 대문자와 소문자를 알맞게 연결하세요.

🔊 잘 듣고 알맞은 글자에 ◯ 표시를 하세요.

1

X S R

2

Z W T

3

Y V U

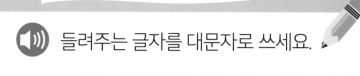 들려주는 글자를 대문자로 쓰세요.

 들려주는 글자를 소문자로 쓰세요.

Review Test

Write the Alphabet

A부터 Z까지 대문자로 순서대로 써 보세요.

A B C D E F G H I J K L M

N O P Q R S T U V W X Y Z

a부터 z까지 소문자로 순서대로 써 보세요.

a b c d e f g h i j k l m n o p

q r s t u v w x y z

TEST

Draw the Lines

♥ 대문자와 소문자를 알맞게 연결해 보세요.

D		g
T		b
G		c
B		d
C		t

W		m
E		r
M		n
R		e
N		w

 ♥ 소문자와 대문자를 알맞게 연결해 보세요.

k		I
q		P
p		J
i		K
j		Q

h		A
u		U
a		H
f		Y
y		F

56

Listen and Circle

🔊 잘 듣고 알맞은 글자에 ○ 표시를 하세요. ✏️

1 K J R Y

2 Z B C S

3 F H L A

4 M N Y F

 들려주는 글자를 대문자로 쓰세요.

1   2   3   4   5

6   7   8   9   10

 들려주는 글자를 소문자로 쓰세요.

1   2   3   4   5

6   7   8   9   10

제 2 부
이제
영어 단어를
배워
볼까요?

입꼬리를 양옆으로 당기면서 [애] 하고 소리를 내면 돼요.

A

🔊 각 단어의 발음을 잘 듣고 큰 소리로 읽으며 따라 써 보세요.

apple　apple　apple

사과

ant　ant　ant　ant　ant

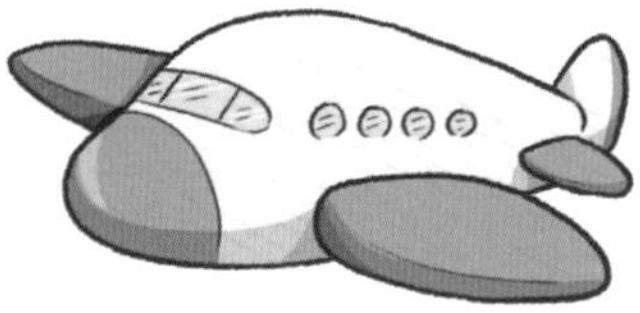

개미

airplane　airplane

비행기

입술을 밖으로 밀어내면서 [브] 하고 소리를 내면 돼요.

 각 단어의 발음을 잘 듣고 큰 소리로 읽으며 따라 써 보세요.

bird   bird   bird   bird

새

bear   bear   bear   bear

곰

ball   ball   ball   ball

공

candy   candy   candy

사탕

cat   cat   cat   cat   cat

고양이

car   car   car   car   car

자동차

혀를 윗니 뒤쪽에 댔다가 떼면서 [드] 하고 소리를 내면 돼요.

D

 각 단어의 발음을 잘 듣고 큰 소리로 읽으며 따라 써 보세요.

desk desk desk desk

책상

dog dog dog dog

강아지

doctor doctor doctor

의사

단어 쓰기

입을 살짝 벌리고 [에] 하고 소리를 내면 돼요.

 각 단어의 발음을 잘 듣고 큰 소리로 읽으며 따라 써 보세요.

egg   egg   egg   egg

알

elevator   elevator

엘리베이터

elephant   elephant

코끼리

윗니를 아랫입술에 살짝 댔다 떼면서 바람 소리를 내 보세요.

 각 단어의 발음을 잘 듣고 큰 소리로 읽으며 따라 써 보세요.

flower   flower   flower

꽃

fish   fish   fish   fish

물고기

face   face   face   face

얼굴

65

단어 쓰기

우리말 하듯 편하게 [그] 하고 소리를 내면 돼요.

G

🔊 각 단어의 발음을 잘 듣고 큰 소리로 읽으며 따라 써 보세요.

금

gold   gold   gold

포도

grape   grape   grape

선물

gift   gift   gift   gift

입을 약간 벌리고 바람을 내보내며 [흐] 하고 소리를 내면 돼요.

 각 단어의 발음을 잘 듣고 큰 소리로 읽으며 따라 써 보세요.

honey   honey   honey

꿀

house   house   house

집

hair   hair   hair   hair

머리카락

67

QUIZ — **Write the Words**

대문자 단어를 소문자로 바꿔 쓰세요.

 APPLE --------> (apple)

 FLOWER --------> ( )

 GIFT --------> ( )

 GRAPE --------> ( )

 HONEY --------> ( )

 ELEVATOR ------> ( )

 BIRD --------> ( )

 DESK --------> ( )

 EGG --------> ( )

소문자 단어를 대문자로 바꿔 쓰세요.

apple - - - - - - - → (APPLE   )

cat - - - - - - → (   )

house - - - - - - → (   )

gold - - - - - - → (   )

elephant - - - - - - → (   )

ball - - - - - - → (   )

face - - - - - - → (   )

doctor - - - - - - → (   )

hair - - - - - - → (   )

그림을 보고 알맞은 알파벳을 써넣어 퍼즐을 완성하세요.

들려주는 단어에 ○ 표시를 하세요.

1

dog   ball   bird

2

car   cat   fish

3

house   ant   ball

4

bird   elevator   face

5

fish   hair   egg

그림을 보고 들려주는 단어를 소문자로 쓰세요.

1

2

3

4

5

6

7

8

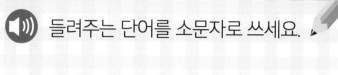

Listen and Write

🔊 들려주는 단어를 소문자로 쓰세요. ✏️

1

2

3

4

5

6

7

8

9

10

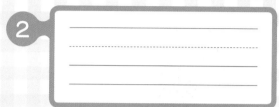

입을 양옆으로 조금만 벌리고 [이] 하고 소리를 내면 돼요.

I

🔊 각 단어의 발음을 잘 듣고 큰 소리로 읽으며 따라 써 보세요.

ink   ink   ink   ink   ink

잉크

insect   insect   insect

곤충

igloo   igloo   igloo

이글루

혀를 입천장에 댔다가 떼면서 [쥐] 하고 소리를 내면 돼요.

 각 단어의 발음을 잘 듣고 큰 소리로 읽으며 따라 써 보세요.

juice juice juice juice

주스

jam   jam   jam   jam

잼

jump jump jump jump

점프

단어
쓰기

앞서 배운 C처럼 아랫입술을 내리면서 [크] 하고
소리를 내면 돼요.

K

🔊 각 단어의 발음을 잘 듣고 큰 소리로 읽으며 따라 써 보세요.

king   king   king   king

왕

ketchup   ketchup

케첩

kite   kite   kite   kite

연

76

혀를 윗니 뒤쪽에 댔다가 떼면서 [르] 하고 소리를 내면 돼요.

 각 단어의 발음을 잘 듣고 큰 소리로 읽으며 따라 써 보세요.

lion   lion   lion   lion

사자

lake   lake   lake   lake

호수

love   love   love   love

사랑

'음' 하고 준비한 다음 입을 떼면서 [므] 하고
소리를 내면 돼요.

M

🔊 각 단어의 발음을 잘 듣고 큰 소리로 읽으며 따라 써 보세요.

milk   milk   milk   milk

우유

monkey   monkey

원숭이

moon   moon   moon

달

'은' 하고 준비한 다음 혀를 윗니 뒤쪽에서 떼면서 [느] 하고
소리를 내면 돼요.

🔊 각 단어의 발음을 잘 듣고 큰 소리로 읽으며 따라 써 보세요.

nose nose nose nose

코

net net net net net

그물

nest nest nest nest

둥지

입술을 모으고 턱을 당기며 [오] 하고 소리를 내면 돼요.

각 단어의 발음을 잘 듣고 큰 소리로 읽으며 따라 써 보세요.

octopus   octopus

문어

orange orange orange

오렌지

oil   oil   oil   oil   oil

기름

입술을 안으로 말았다가 [프] 하고 소리를 내면 돼요.

각 단어의 발음을 잘 듣고 큰 소리로 읽으며 따라 써 보세요.

연필

pencil　　pencil　　pencil

감자

potato　　potato　　potato

돼지

pig　　pig　　pig　　pig

81

대부분 바로 뒤이어 u가 나오고 [크] 소리가 나요.

Q

🔊 각 단어의 발음을 잘 듣고 큰 소리로 읽으며 따라 써 보세요.

queen   queen   queen

여왕

quiet   quiet   quiet

조용한

question   question

질문

NOTE

대문자 단어를 소문자로 바꿔 쓰세요.

 LOVE   ---------▶   (   )

 MOON   ---------▶   (   )

 JUICE   ---------▶   (   )

 LAKE   ---------▶   (   )

 QUEEN   ---------▶   (   )

 PENCIL   ---------▶   (   )

 KITE   ---------▶   (   )

 ORANGE   ------▶   (   )

 JAM   ---------▶   (   )

소문자 단어를 대문자로 바꿔 쓰세요.

igloo --------→ (   )

nose --------→ (   )

question --------→ (   )

octopus --------→ (   )

king --------→ (   )

ink --------→ (   )

nest --------→ (   )

potato --------→ (   )

milk --------→ (   )

Complete the Crossword

그림을 보고 알맞은 알파벳을 써넣어 퍼즐을 완성하세요.

🔊 들려주는 단어에 O 표시를 하세요. ✏️

1

orange  · love  · kite

2

lake  · jump  · jam

3

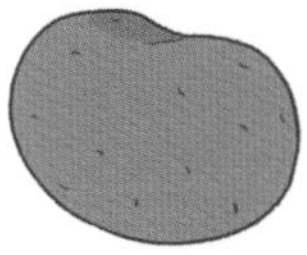

potato  · ink  · insect

4

quiet  · oil  · moon

5

pig  · king 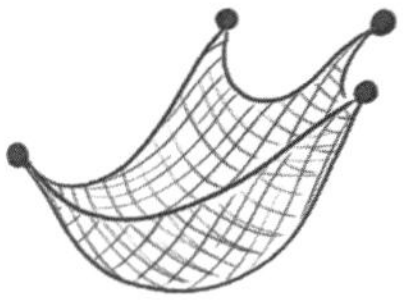 · net

🔊 그림을 보고 들려주는 단어를 소문자로 쓰세요.

1	2	3	4

5	6	7	8

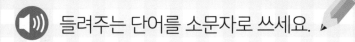

Listen and Write

🔊 들려주는 단어를 소문자로 쓰세요. ✏️

1

2

3

4

5

6

7

8

9

10

혀를 입천장에 대지 않고 안으로 말면서 [뤄] 하고
소리를 내면 돼요.

R

 각 단어의 발음을 잘 듣고 큰 소리로 읽으며 따라 써 보세요.

rainbow   rainbow

무지개

rose   rose   rose   rose

장미

rabbit   rabbit   rabbit

토끼

혀끝을 아랫니 뒤에 두고 이 사이로 공기를 내보내면서 [스] 하고
소리를 내면 돼요.

 각 단어의 발음을 잘 듣고 큰 소리로 읽으며 따라 써 보세요.

star　　star　　star　　star

별

spoon　　spoon　　spoon

숟가락

snow　snow　snow　snow

눈

혀를 윗니 뒤쪽에 댔다가 떼면서 [트] 하고 소리를 내면 돼요.

T

 각 단어의 발음을 잘 듣고 큰 소리로 읽으며 따라 써 보세요.

tiger tiger tiger tiger

호랑이

toy toy toy toy toy

장난감

table table table table

탁자

입을 약간 벌리고 턱을 당겨 [어] 하고 소리를 내면 돼요.

🔊 각 단어의 발음을 잘 듣고 큰 소리로 읽으며 따라 써 보세요.

umbrella   umbrella

우산

up   up   up   up   up   up

위에

under   under   under

아래에

93

단어
쓰기

윗니를 아랫입술에 댔다 떼면서 [브] 소리를 내면 돼요.

V

🔊 각 단어의 발음을 잘 듣고 큰 소리로 읽으며 따라 써 보세요.

violin   violin   violin

바이올린

victory   victory   victory

승리

vest   vest   vest   vest

조끼

94

입술을 모아서 [워] 하고 소리를 내면 돼요.

 각 단어의 발음을 잘 듣고 큰 소리로 읽으며 따라 써 보세요.

wolf   wolf   wolf   wolf

늑대

window   window   window

창문

wing   wing   wing   wing

날개

X는 ㄱ 받침소리와 [스] 소리가 빠르게 연이어 나요.

X

🔊 각 단어의 발음을 잘 듣고 큰 소리로 읽으며 따라 써 보세요.

taxi   taxi   taxi   taxi

택시

fox fox fox fox fox

여우

exit   exit   exit   exit

출구

96

[이]와 [여]를 합쳐 빠르게 발음하면 돼요.

 각 단어의 발음을 잘 듣고 큰 소리로 읽으며 따라 써 보세요.

요트

yacht   yacht   yacht

yogurt   yogurt   yogurt

요거트

노란색

yellow   yellow   yellow

혀끝을 아랫니 뒤에 두고 이 사이로 공기를 내보내면서
[즈] 하고 소리를 내면 돼요.

Z

 각 단어의 발음을 잘 듣고 큰 소리로 읽으며 따라 써 보세요.

zebra   zebra   zebra

얼룩말

zoo   zoo   zoo   zoo   zoo

동물원

zipper   zipper   zipper

지퍼

NOTE

QUIZ — Write the Words

대문자 단어를 소문자로 바꿔 쓰세요.

WING   - - - - ▶   (   )

SNOW   - - - - ▶   (   )

VICTORY   - - - - ▶   (   )

SPOON   - - - - ▶   (   )

ROSE   - - - - ▶   (   )

UMBRELLA   - - - - ▶   (   )

TIGER   - - - - ▶   (   )

RAINBOW   - - - - ▶   (   )

TAXI   - - - - ▶   (   )

♥ 소문자 단어를 대문자로 바꿔 쓰세요.

 zoo   - - - - - - - - ➤ (　　　　　　　　　)

 vest   - - - - - - - - ➤ (　　　　　　　　　)

 rabbit   - - - - - - - - ➤ (　　　　　　　　　)

 toy   - - - - - - - - ➤ (　　　　　　　　　)

 violin   - - - - - - - - ➤ (　　　　　　　　　)

 yacht   - - - - - - - - ➤ (　　　　　　　　　)

 wolf   - - - - - - - - ➤ (　　　　　　　　　)

 yellow   - - - - - - - - ➤ (　　　　　　　　　)

 fox   - - - - - - - - ➤ (　　　　　　　　　)

그림을 보고 알맞은 알파벳을 써넣어 퍼즐을 완성하세요.

Listen and Circle

 들려주는 단어에 ○ 표시를 하세요.

1

| exit | yogurt | yacht |

2

 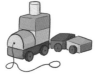 

| toy | up | vest |

3

| zoo | rose | wolf |

4

| star | under | zipper |

5

| snow | violin | wing |

🔊 그림을 보고 들려주는 단어를 소문자로 쓰세요.

1

2

3

4

5

6

7

8

🔊 들려주는 단어를 소문자로 쓰세요. ✏️

1

2

3

4

5

6

7

8

9

10

Review Test

TEST

대문자 단어를 소문자로 바꿔 쓰세요.

 JAM --------► (　　　　　　)

 KITE --------► (　　　　　　)

 HOUSE --------► (　　　　　　)

 CAT --------► (　　　　　　)

 NEST --------► (　　　　　　)

 HAIR --------► (　　　　　　)

 DOG --------► (　　　　　　)

 ZIPPER --------► (　　　　　　)

 KETCHUP--------► (　　　　　　)

 소문자 단어를 대문자로 바꿔 쓰세요.

 spoon ------→ ( )

 car ------→ ( )

 quiet ------→ ( )

 lake ------→ ( )

 elephant ------→ ( )

 ball ------→ ( )

 exit ------→ ( )

 face ------→ ( )

 fox ------→ ( )

TEST — Write the Words

대문자 단어를 소문자로 바꿔 쓰세요.

 UNDER --------► (　　　　　)

 TAXI --------► (　　　　　)

 TABLE --------► (　　　　　)

 PIG --------► (　　　　　)

 YACHT --------► (　　　　　)

 WOLF --------► (　　　　　)

 RABBIT --------► (　　　　　)

 BEAR --------► (　　　　　)

 VEST --------► (　　　　　)

 소문자 단어를 대문자로 바꿔 쓰세요.

 egg   ----→ (   )

 milk   ----→ (   )

 desk   ----→ (   )

 apple   ----→ (   )

 nose   ----→ (   )

 lion   ----→ (   )

 candy   ----→ (   )

 star   ----→ (   )

 ink   ----→ (   )

111

TEST — Complete the Crossword

그림을 보고 알맞은 알파벳을 써넣어 퍼즐을 완성하세요.

112

Listen and Circle

🔊 들려주는 단어에 〇 표시를 하세요.

1.

dog   milk   ink

2.

rose   kite   igloo

3.

violin   umbrella   nest

4.

yellow   yacht   yogurt

5.

cat   candy   car

6

jump · jam · rabbit

7

pig · gift · face

8

octopus · potato · pencil

9

elephant · airplane · ball

10

queen · orange · lion

Listen and Write

🔊 그림을 보고 들려주는 단어를 소문자로 쓰세요.

1	2	3	4

5	6	7	8

Listen and Write

 그림을 보고 들려주는 단어를 소문자로 쓰세요.

1	2	3	4

5	6	7	8

TEST

Listen and Write

 들려주는 단어를 소문자로 쓰세요.

1

2

3

4

5

6

7

8

9

10

118

Listen and Write

🔊 들려주는 단어를 소문자로 쓰세요.

1

2

3

4

5

6

7

8

9

10

정답

21 쪽

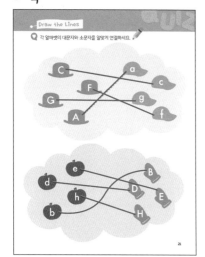

22 쪽

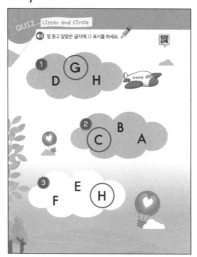

23 쪽

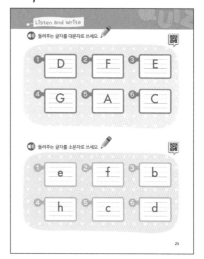

35 쪽

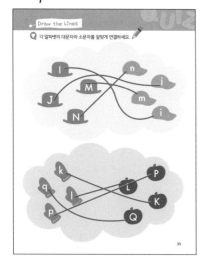

36 쪽

37 쪽

49 쪽

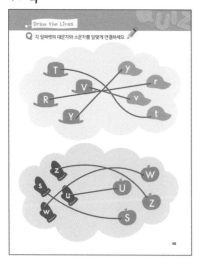

50쪽

51 쪽

ANSWER

56 쪽

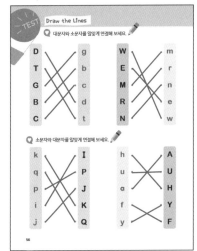

Draw the Lines

대문자와 소문자를 알맞게 연결해 보세요.

D — g
T — b
G — c
B — d
C — t

W — m
E — r
M — n
R — e
N — w

소문자와 대문자를 알맞게 연결해 보세요.

k — I
q — P
p — J
i — K
j — Q

h — A
u — U
a — H
f — Y
y — F

57 쪽

Listen and Circle

잘 듣고 알맞은 글자에 O 표시를 하세요.

1. K (J) R Y
2. (Z) B C S
3. F (A) H L
4. M (N) Y F

58 쪽

Listen and Write

들려주는 글자를 대문자로 쓰세요.

1	2	3	4	5
U	E	N	S	J

6	7	8	9	10
Y	R	A	C	X

들려주는 글자를 소문자로 쓰세요.

1	2	3	4	5
b	f	z	g	l

6	7	8	9	10
h	y	k	d	t

68 쪽

Write the Words

대문자 단어를 소문자로 바꿔 쓰세요.

APPLE ----→ (apple)
FLOWER ----→ (flower)
GIFT ----→ (gift)
GRAPE ----→ (grape)
HONEY ----→ (honey)
ELEVATOR ----→ (elevator)
BIRD ----→ (bird)
DESK ----→ (desk)
EGG ----→ (egg)

69 쪽

소문자 단어를 대문자로 바꿔 쓰세요.

apple ----→ (APPLE)
cat ----→ (CAT)
house ----→ (HOUSE)
gold ----→ (GOLD)
elephant ----→ (ELEPHANT)
ball ----→ (BALL)
face ----→ (FACE)
doctor ----→ (DOCTOR)
hair ----→ (HAIR)

70 쪽

Complete the Crossword

그림을 보고 알맞은 알파벳을 써 넣어 퍼즐을 완성하세요.

71 쪽

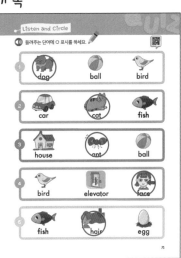

Listen and Circle

들려주는 단어에 O 표시를 하세요.

1. (dog) ball bird
2. car (cat) fish
3. house (ant) ball
4. bird elevator (face)
5. fish (hair) egg

72 쪽

Listen and Write

그림을 보고 들려주는 단어를 소문자로 쓰세요.

1	2	3	4
egg	flower	elephant	doctor

5	6	7	8
honey	grape	bird	apple

73 쪽

Listen and Write

들려주는 단어를 소문자로 쓰세요.

1. ball
2. gift
3. fish
4. house
5. airplane
6. desk
7. candy
8. elevator
9. bear
10. gold

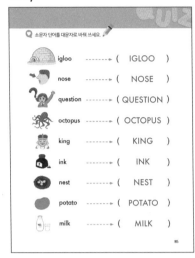

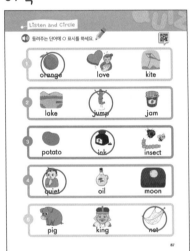

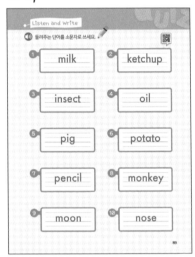

정답

84 쪽

QUIZ Write the Words

Q 대문자 단어를 소문자로 바꿔 쓰세요.

LOVE ------→ (love)
MOON ------→ (moon)
JUICE ------→ (juice)
LAKE ------→ (lake)
QUEEN ------→ (queen)
PENCIL ------→ (pencil)
KITE ------→ (kite)
ORANGE ------→ (orange)
JAM ------→ (jam)

85 쪽

Q 소문자 단어를 대문자로 바꿔 쓰세요.

igloo ------→ (IGLOO)
nose ------→ (NOSE)
question ------→ (QUESTION)
octopus ------→ (OCTOPUS)
king ------→ (KING)
ink ------→ (INK)
nest ------→ (NEST)
potato ------→ (POTATO)
milk ------→ (MILK)

86 쪽

QUIZ Complete the Crossword

Q 그림을 보고 알맞은 알파벳을 써넣어 퍼즐을 완성하세요.

87 쪽

Listen and Circle

Q 들려주는 단어에 ○ 표시를 하세요.

1. orange / love / kite
2. lake / jump / jam
3. potato / ink / insect
4. quiet / oil / moon
5. pig / king / net

88 쪽

QUIZ Listen and Write

Q 그림을 보고 들려주는 단어를 소문자로 쓰세요.

1. lion 2. igloo 3. octopus 4. queen
5. love 6. juice 7. question 8. kite

89 쪽

Listen and Write

Q 들려주는 단어를 소문자로 쓰세요.

1. milk 2. ketchup
3. insect 4. oil
5. pig 6. potato
7. pencil 8. monkey
9. moon 10. nose

100 쪽

QUIZ Write the Words

Q 대문자 단어를 소문자로 바꿔 쓰세요.

WING ------→ (wing)
SNOW ------→ (snow)
VICTORY ------→ (victory)
SPOON ------→ (spoon)
ROSE ------→ (rose)
UMBRELLA ------→ (umbrella)
TIGER ------→ (tiger)
RAINBOW ------→ (rainbow)
TAXI ------→ (taxi)

101쪽

Q 소문자 단어를 대문자로 바꿔 쓰세요.

zoo ------→ (ZOO)
vest ------→ (VEST)
rabbit ------→ (RABBIT)
toy ------→ (TOY)
violin ------→ (VIOLIN)
yacht ------→ (YACHT)
wolf ------→ (WOLF)
yellow ------→ (YELLOW)
fox ------→ (FOX)

102 쪽

QUIZ Complete the Crossword

Q 그림을 보고 알맞은 알파벳을 써 넣어 퍼즐을 완성하세요.

I03 쪽

Listen and Circle

들려주는 단어에 ○ 표시를 하세요.

1. exit / yogurt / **yacht**
2. **toy** / up / vest
3. zoo / rose / **wolf**
4. star / under / **zipper**
5. snow / violin / **wing**

I04 쪽

QUIZ Listen and Write

그림을 보고 들려주는 단어를 소문자로 쓰세요.

1. fox
2. star
3. umbrella
4. zebra
5. violin
6. tiger
7. rainbow
8. spoon

I05 쪽

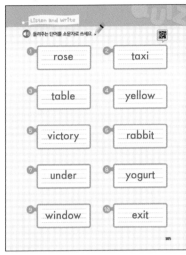

Listen and Write

들려주는 단어를 소문자로 쓰세요.

1. rose
2. taxi
3. table
4. yellow
5. victory
6. rabbit
7. under
8. yogurt
9. window
10. exit

I08 쪽

Write the Words

대문자 단어를 소문자로 바꿔 쓰세요.

- JAM → (jam)
- KITE → (kite)
- HOUSE → (house)
- CAT → (cat)
- NEST → (nest)
- HAIR → (hair)
- DOG → (dog)
- ZIPPER → (zipper)
- KETCHUP → (ketchup)

I09 쪽

소문자 단어를 대문자로 바꿔 쓰세요.

- spoon → (SPOON)
- car → (CAR)
- quiet → (QUIET)
- lake → (LAKE)
- elephant → (ELEPHANT)
- ball → (BALL)
- exit → (EXIT)
- face → (FACE)
- fox → (FOX)

IIO 쪽

Write the Words

대문자 단어를 소문자로 바꿔 쓰세요.

- UNDER → (under)
- TAXI → (taxi)
- TABLE → (table)
- PIG → (pig)
- YACHT → (yacht)
- WOLF → (wolf)
- RABBIT → (rabbit)
- BEAR → (bear)
- VEST → (vest)

III 쪽

소문자 단어를 대문자로 바꿔 쓰세요.

- egg → (EGG)
- milk → (MILK)
- desk → (DESK)
- apple → (APPLE)
- nose → (NOSE)
- lion → (LION)
- candy → (CANDY)
- star → (STAR)
- ink → (INK)

II2 쪽

TEST Complete the Crossword

그림을 보고 알맞은 알파벳을 써 넣어 퍼즐을 완성하세요.

II3 쪽

정답

114 쪽

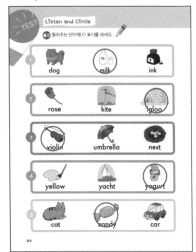

Listen and Circle

들려주는 단어에 ○ 표시를 하세요.

1. dog · (milk) · ink
2. rose · kite · (igloo)
3. (violin) · umbrella · nest
4. yellow · yacht · (yogurt)
5. cat · (candy) · car

115 쪽

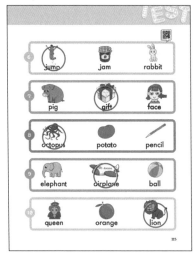

6. (jump) · jam · rabbit
7. pig · (gift) · face
8. (octopus) · potato · pencil
9. elephant · (airplane) · ball
10. queen · orange · (lion)

116 쪽

Listen and Write

그림을 보고 들려주는 단어를 소문자로 쓰세요.

1	2	3	4
rose	dog	house	honey

5	6	7	8
love	ball	cat	juice

117 쪽

Listen and Write

그림을 보고 들려주는 단어를 소문자로 쓰세요.

1	2	3	4
grape	zipper	rainbow	yacht

5	6	7	8
zebra	elephant	gold	flower

118 쪽

Listen and Write

들려주는 단어를 소문자로 쓰세요.

1. lake
2. window
3. taxi
4. moon
5. doctor
6. tiger
7. wolf
8. hair
9. insect
10. pencil

119 쪽

Listen and Write

들려주는 단어를 소문자로 쓰세요.

1. queen
2. desk
3. toy
4. apple
5. spoon
6. question
7. bear
8. star
9. umbrella
10. elevator

124

플래시 카드로 재밌는 게임을 해 보아요!

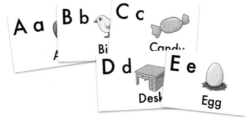

How to Use
Flashcards

집중력, 암기력, 추리력이 높아지는 다양한 액티비티(activity)를 소개합니다.
간단한 아이템을 준비해서 기준 시간보다 빨리 답을 알아맞히면 상품으로 주세요.
여러 아이가 함께하면 더욱 재밌고 효과적이에요.

※ 게임에 앞서 플래시 카드를 점선에 따라
   가위로 잘라 주세요.

♠ **Place in Order 알파벳 순서를 익혀요.** 〔가벼운 몸풀기 게임〕

① 모든 알파벳 카드를 바닥에 겹치지 않게 펼쳐 놓습니다. 보드나 벽에 붙여도 좋습니다.
② 아이에게 알파벳 순서에 맞게 A부터 Z까지 놓도록 합니다.
③ 카드를 집을 때마다 "에이, 비, 씨" 하고 큰 소리로 읽게 합니다.

♣ **Quickly & Slowly 빨리 & 천천히 단어를 알아맞혀요.** 〔집중력 향상하기〕

① 순서 상관없이 카드를 6장씩 4~5묶음 정도로 나눠서 진행해 주세요.
② 카드를 한 장씩 보여주면서 거기에 적힌 단어를 아이에게 읽도록 합니다.
   "자, 여기 적힌 단어 어떻게 읽지? 큰 소리로 읽어 보자!"
③ **Quickly** 빠른 손동작이 포인트! 카드 한 장을 빠르게
   보이고 감추고는 답을 알아맞히도록 하세요.
   "짠! 어떤 단어였지? 알아맞혀 봐!"

④ **Slowly** 천천히 보여주는 게 포인트! 조커 카드로 알파벳 카드를 완전히 가린 다음, 조커 카드를
   천천히 내리면서 답을 알아맞히도록 하세요.
   "짜잔~~ 이건 무엇일까? 알아맞혀 봐!"

♥ What's the missing card? 사라진 카드는 뭘까?   집중력, 암기력 향상하기

① 보드나 벽에 카드를 2장씩 총 세 줄 붙이세요. 총 6장입니다.
② 엄마가 카드를 한 장씩 가리키면, 아이는 거기 적힌 단어를 읽게 하세요.
    "자 이 단어 어떻게 읽지? 한번 크게 읽어 보자!"
③ 아이에게 두 손으로 눈을 완전히 가리게 하세요.
    엄마는 칠판에 붙은 카드를 한 장 떼서 뒤로 감춥니다.
④ 아이에게 눈을 뜨게 한 뒤 사라진 카드의 단어를
    알아맞히도록 해 보세요.
    "자, 뭐가 사라졌지? 사라진 카드 알아맞혀 볼까!"

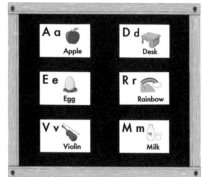

♦ Magic Eyes 매직 아이   집중력, 암기력, 추리력 향상하기

① 보드나 벽에 카드를 가로로 6장 붙입니다.
② 엄마가 먼저, 6개의 단어를 박자에 맞춰 노래하듯이 2~3회 읽어 줍니다. 약간 빠르게 읽어 주세요.
    ♯♬♪"Apple, Bird, Candy, Desk, Egg, Flower"

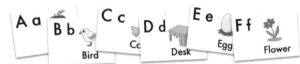

③ 아이도 엄마와 함께 6개의 단어를 박자에 맞춰 노래하듯이 읽게 하세요. 2~3회 반복합니다.
④ 앞에서부터 카드를 한 장씩 떼어내고 계속해서 단어를 읽습니다.
    ♯♬♪"Apple, Bird, Candy, Desk, Egg, Flower"
⑤ 마지막 한 장이 모두 사라질 때까지 계속합니다.
    중간중간 아이에게 준비됐는지 확인하세요.
    "다음 카드 뗄 거야. 준비됐니?"

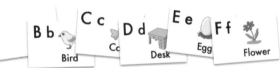

★ Lip Reading 입 모양으로 알아맞혀요.   집중력 향상

① 보드나 벽에 카드 2장씩 세 줄 붙이세요. 총 6장입니다.
② 카드에 있는 단어를 엄마가 읽고 아이가 따라 읽게 하세요.
③ 이번엔 엄마가 소리 내지 않고 입을 크게 벌려 단어를 읽어서
    알아맞히도록 해 보세요.
    "자 엄마가 뭐라고 하는 건지 알아맞혀 봐! 큰 소리로
    이야기해 봐!"

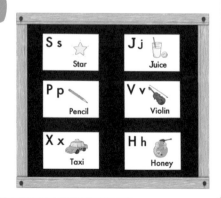

A a
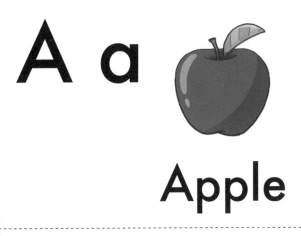
Apple

B b

Bird

C c
Candy

D d

Desk

E e
Egg

F f

Flower

G g
Gold

H h

Honey

I i

Ink

J j
Juice

K k

King

L l
Lion

M m

Milk

N n
Nose

O o
Octopus

P p
Pencil

Q q

Queen

R r

Rainbow

S s

Star

T t

Tiger

U u

Umbrella

V v

Violin

W w

Wolf

X x

Taxi

Y y

Yacht

Z z

Zebra